Conoce a los suje

Frederick Douglass

Nació esclavo y fue un hombre libre cuando adulto. Trabajó toda su vida para avanzar en la causa de la libertad y la igualdad de derechos para todas las personas, sin importar color y género. Se le recuerda por su poderoso uso del lenguaje como escritor y como orador.

Sojourner Truth

Es el nombre que se puso una afroamericana que nació en una familia de esclavos. A los nueve años la separaron de su familia y la vendieron a otro amo de esclavos. Años después, como mujer libre, Sojourner viajó a través de los Estados Unidos para predicar contra la esclavitud y la discriminación. Ella también sabía que las palabras eran una gran arma de persuasión en la lucha por la libertad y la igualdad.

Frederick Douglass

1818	1825	1838	1841
Nace esclavo (no se sabe la fecha exacta) en una plantación de la costa este de Maryland.	Enviado a Baltimore como criado de Hugh Auld, pariente de su amo.	Escapa con los papeles de otro esclavo y trabaja como marinero. Se casa con Anna Murray.	Después de haber hablado en un mitin anti-esclavitud en Nantucket, Massachusetts, lo contratan como orador.

Sojourner Truth

1797	1806	1815	1826	1829
Nace esclava (no se sabe la fecha exacta) en Hurley, Nueva York, a 7 millas al oeste del río Hudson.	Vendida a John Nealy	Se casa con el esclavo Thomas. Nace Diana, su primera hija.	Nace su hija Sofía. Ese año escapa de la esclavitud. Isaac y Maria Van Wagenen la reciben.	Se muda a la ciudad de Nueva York con sus dos hijas pequeñas.

Una biografía dice la fecha y lugar de nacimiento del sujeto.

Una biografía comienza con un gran "enganche".

Una biografía cuenta sobre la familia, la niñez y los sucesos importantes del sujeto.

Elementos de una biografía

Una biografía describe el impacto del sujeto en el mundo.

Una biografía describe la personalidad y carácterísticas del sujeto.

Una biografía cita a la persona y/o a las personas que le conocieron.

¿Quién escribe biografías?

Las personas que escriben biografías desean saber más sobre la vida de los otros y la huella que esas personas dejaron en el mundo. Algunas personas escriben biografías porque se interesan por ciertos tópicos, como deportes, historia o cocina. ¡Otros escriben biografías simplemente porque se interesan en la gente!

Recursos para leer y escribir

Final contundente

Un final contundente deja al lector un sentimiento de satisfacción y ata cabos sueltos en la historia. También puede motivar al lector a buscar más sobre el tema o puede hasta inspirarlo para unirse a una causa.

Usualmente, las biografías comienzan con el nacimiento del sujeto y terminan con su muerte. Pero un final contundente de la biografía coloca al sujeto en el contexto histórico y ayuda al lector a comprender el lugar de la persona en la historia. Un buen final de la biografía mantiene al lector pensando sobre la vida del sujeto. También le muestra al lector cómo la vida de la persona se conecta con la suya.

Lenguaje descriptivo: Adjetivos

Los buenos autores desean que los lectores vean, oigan, huelan, toquen y degusten todo a través de la palabra escrita. Para lograrlo, los autores incluyen lenguaje descriptivo en la forma de adjetivos. Los adjetivos pueden agruparse por lo que describen, incluyendo tiempo, distancia y sentimientos.

Sacar conclusiones

Los buenos autores incluyen muchos detalles sobre sus sujetos biográficos, pero no les dicen a los lectores lo que deben pensar sobre ellos. Los buenos lectores reúnen esos detalles y los utilizan para sacar conclusiones sobre los sujetos y entender por qué actuaron de cierta manera. Las conclusiones se sacan al final del cuento o capítulo y se extraen de por lo menos tres o cuatro detalles. Lectores diferentes pueden sacar conclusiones diferentes de los mismos detalles.

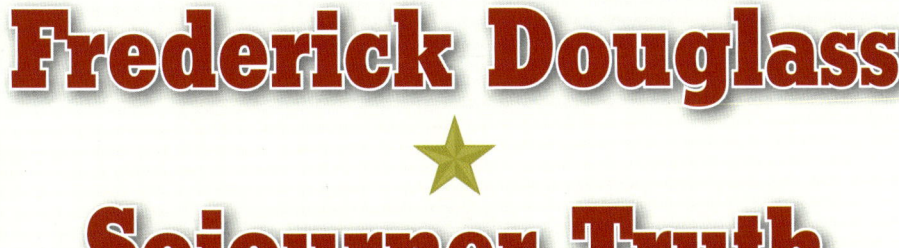

Frederick Douglass ★ Sojourner Truth

Biografías de dos esclavos afroamericanos que lograron la grandeza

escritas por Sarah Albee

Tabla de contenido

BIOGRAFÍA

¿Qué es una biografía?

Una biografía es el relato de los hechos de la vida de otra persona. La persona puede haber vivido hace muchos años o hace poco, incluso la persona puede estar viva todavía. Las biografías pueden cubrir toda la vida de una persona o solo una parte de ella. Si es posible, la biografía incluye citas directas de la persona. Esto ayuda para que el lector se conecte con la persona.

¿Cuál es el propósito de una biografía?

Una biografía ayuda al lector a comprender a las personas, lugares, épocas y sucesos que fueron o son importantes en la vida del sujeto. Proporciona un resumen de las experiencias principales y logros de la persona. Además, según como el escritor escriba la biografía, el lector percibe al sujeto como ser humano real, que tuvo (y puede tener aún) un impacto en la vida de los demás.

¿Cómo leer una biografía?

El título te dirá sobre el sujeto de la biografía y puede incluir algo interesante sobre él o ella. El primer párrafo intentará "enganchar" al lector o la lectora, capturando su atención. A medida que lees, nota los escenarios. Los escenarios usualmente influencian lo que pasa en la vida de las personas. También toma en cuenta la secuencia de los sucesos en la vida del sujeto. Hazte la pregunta: *¿Este suceso le pasó al sujeto o el sujeto hizo que le pasara? ¿Cómo este suceso afecta la vida del sujeto? ¿Qué admiro de este sujeto? ¿Puedo aplicar algunas de las experiencias de este sujeto a mi vida?*

THE NORTH STAR.

ROCHESTER, N.Y. FRIDAY, DECEMBER 3, 1847.

1847	1865	1870	1895

1847
Se muda a Rochester, Nueva York. Comienza a publicar su periódico: *The North Star.*

1865
Acaba la Guerra Civil. La Decimotercera Enmienda a la Constitución acaba con la esclavitud.

1870
Los afroamericanos ganan el derecho a voto.

1895
Muere en Washington, D.C. el 20 de febrero de un ataque del corazón después de un mitin sobre los derechos de las mujeres.

1843	1844	1850	1864	1883

1843
Cambia su nombre por Sojourner Truth. Comienza a viajar como predicadora.

1844
Se une a la Asociación de Northampton en Massachusetts.

1850
Publica "*Narrative of Sojourner Truth*". Comienza a hablar en mítines sobre el abolicionismo y los derechos de la mujer.

1864
Va a Washington, D.C. a ayudar en la liberación de esclavos. Conoce al presidente Lincoln.

1883
Muere el 26 de noviembre. Tenía cerca de 86 años.

Frederick Douglass:

Libre al fin

En una noche oscura y fría, Frederick, de seis años, se acurrucaba con su madre. A pesar de su angustia, ella le cantó para que durmiera. Él durmió seguro en sus brazos.

Cuando se despertó al día siguiente, temblaba de frío dentro del saco de yute que usaba como cobija. Su madre se había ido. Ella trabajaba durante largas horas en una plantación distante. Ella sabía que si no llegaba **puntual** la azotarían. Frederick solo la había visto cuatro o cinco veces durante su joven vida.

Sería la última vez que Frederick vería a su madre. Ella murió cuando él tenía alrededor de siete años.

Frederick nació esclavo en una inmensa plantación en Maryland, alrededor de 1818. Nadie llevaba archivos del nacimiento de los esclavos, así que nunca se supo exactamente cuándo nació.

Cuando Frederick murió en 1895, era un hombre libre, un estadista y uno de los oradores más importantes del mundo. Dos senadores y un miembro de la Corte Suprema de Justicia asistieron a su funeral. Todas las escuelas de negros de Washington, D.C. cerraron en su honor. Sirvió en la administración de tres presidentes.

¿Cómo alguien que nació en circunstancias tan desgraciadas alcanzó logros tan importantes en su vida?

Frederick Douglass nació en una plantación similar a esta.

Sus primeros años

El primer amo de Frederick fue Aaron Anthony, dueño también de su madre y de su abuela. La gente decía que el padre de Frederick era un hombre blanco, pero esto daba igual. Si tu madre era una esclava, tú eras un esclavo para siempre.

La vida de los esclavos era muy dura en la plantación donde vivía Frederick. Los esclavos vivían en barracas destartaladas. Vestían harapos. No les daban suficiente comida. Frederick solo tenía como ropa una camisa muy delgada que le llegaba a las rodillas. Iba descalzo hasta en invierno.

Cuando Frederick tenía alrededor de ocho años, supo que lo enviaban como criado a Baltimore a trabajar para un hombre llamado Hugh Auld, quien era pariente lejano de su amo. Frederick estaba emocionado. Nunca había visto una gran ciudad. Y tal vez su nuevo amo le daría suficiente comida.

En casa de los Auld, Frederick tuvo más comida y ropas más calientes. Un día, la señora Auld hasta se ofreció a enseñarle a leer.

Cuando el señor Auld se enteró montó en cólera. Era contra la ley enseñar a un esclavo a leer. A los amos les preocupaba que si los esclavos se educaban, comprenderían lo infelices que eran y se rebelarían.

Sin querer, el amo de Frederick le enseñó una verdad **eterna**: el conocimiento es poder. De allí que Frederick resolvió aprender a leer y escribir.

Los años adolescentes

Durante los próximos siete años, Frederick aprendió a leer y escribir. Un día leyó un libro de ensayos sobre la libertad, la democracia y la abolición. Frederick por primera vez se dio cuenta de que había gente tratando de abolir o terminar con la esclavitud.

En 1832, cuando Frederick tenía alrededor de quince años, supo que el capitán Anthony, su antiguo amo, había muerto. Frederick regresó a la plantación de Maryland, ahora propiedad de Thomas Auld, uno de los herederos de su antiguo amo.

Thomas Auld era un hombre cruel. A Frederick lo azotaban con frecuencia y no le daban suficiente de comer. Auld sentía que Frederick estaba consentido por la vida de la ciudad. Decidió enviar lejos a Frederick por un año, para que lo "quebrara" un hombre llamado Edward Covey.

Trabajar para Covey fue intolerable. A Frederick le azotaba hasta que la sangre corría por su espalda. Le forzaba a trabajar por largas horas, sin importar si el tiempo estaba caliente, frío o tormentoso.

Un día que Covey trató de azotarlo, Frederick decidió pelear. Después de eso, Covey nunca trató de pegarle a Frederick de nuevo.

El deseo de la libertad

En 1834, enviaron a Frederick a trabajar en otra granja. Su nuevo amo, William Freeland, trataba mejor a sus esclavos aunque fuera un amo de esclavos. Frederick resolvió escapar cuando pudiera.

Junto a cuatro amigos esclavos hicieron un plan de escape, pero se descubrió. Frederick y sus amigos fueron presos. Como líder del complot, Frederick temía que sería castigado duramente.

Para sorpresa de Frederick, Freeland decidió enviarlo a Hugh Auld en Baltimore. Tal vez tuvo un sentido de culpabilidad **tardía** por la manera en que había tratado a Frederick.

De nuevo en Baltimore con Hugh Auld, Frederick trabajó en un astillero. Allí, Frederick tuvo la oportunidad de conocer otros negros, algunos eran libres y muchos eran muy bien educados. Se comprometió con una mujer libre llamada Anna Murray.

Frederick ganó dinero, aunque la mayoría tuvo que dársela a su amo.

En una ocasión, Frederick tardó un día en darle su salario semanal a su amo. Auld se enojó tanto que le quitó a Frederick algunos de sus privilegios. Frederick estuvo más decidido que nunca a escapar a la primera oportunidad.

Finalmente, cuando Frederick tenía alrededor de veintiún años, le llegó la oportunidad.

Anna Murray, la primera esposa de Frederick Douglass, era una mujer libre cuando se comprometieron.

¡Libertad al fin!

Frederick vistió un uniforme de marinero y, haciéndose pasar por un hombre libre, compró un pasaje para Wilmington, Delaware. Se montó en el tren en el momento que estaba saliendo para evitar que alguien tuviera la oportunidad de interrogarlo.

Una vez que llegó a Wilmington, Frederick tomó un bote para Filadelfia y luego un tren para la ciudad de Nueva York. Llegó el 4 de septiembre de 1838.

Anna se encontró con él en Nueva York muy pronto. Se casaron el 15 de septiembre de 1838 y se fueron hacia New Bedford, Massachusetts. Massachusetts era un estado libre.

En New Bedford, Frederick y Anna encontraron trabajos temporales. Eran pobres pero muy felices de vivir como una pareja libre. Su primera hija, Rosetta, nació en 1839. Los Douglass tuvieron cuatro hijos más.

Una nueva carrera

A pesar de que trabajaba largas horas, Frederick encontró el momento para asistir a mítines contra la esclavitud. En uno de ellos se encontró con William Lloyd Garrison. Garrison era un abolicionista muy conocido. Inesperadamente llamaron a Frederick para que hablara. A pesar de su nerviosismo, Frederick se levantó y dio un discurso conmovedor sobre su vida como esclavo.

Douglass hablando sobre la esclavitud

13

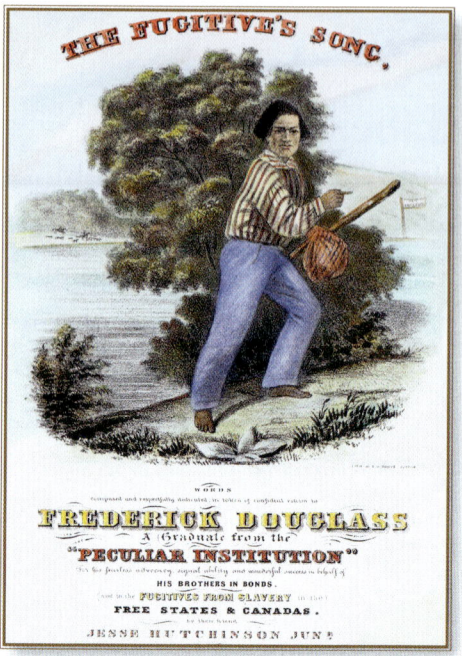

Frederick Douglass se hizo tan conocido que se escribieron canciones sobre él.

Garrison quedó impresionado y poco tiempo después le ofreció trabajo con la Sociedad contra la esclavitud de Massachusetts. Él viajaría y daría discursos sobre la esclavitud. Frederick tenía una nueva carrera.

Los discursos de Frederick motivaron a mucha gente: negros y blancos. En una ocasión dijo: "No se puede señalar una ley en los Estados Unidos que establezca originalmente la esclavitud. El hombre hace primero a los esclavos y luego las leyes". En 1845, Frederick escribió un libro sobre sus días como esclavo.

Frederick temió que su antiguo amo tratara de recapturarlo después de publicar el libro, por lo que viajó al Reino Unido y se quedó por dos años. Allí continuó hablando sobre los demonios de la esclavitud y la importancia de los derechos civiles como la libertad de expresión, la libertad de prensa y el derecho a un juicio justo.

Algunos de sus partidarios británicos recolectaron 700 dólares y los enviaron a Hugh Auld. Así compraron la libertad de Frederick. Ahora era un hombre legalmente libre.

Escritor, editor y estadista

En 1847, Frederick y Anna se mudaron a Rochester, Nueva York. Allá, Frederick lanzó un periódico semanal abolicionista llamado *The North Star*. En un ejemplar escribió: "La felicidad del hombre blanco no puede alcanzarse por la miseria del hombre negro". Continuó dando conferencias, escribiendo y editando publicaciones a través de su carrera. Junto con Anna ayudó a docenas de esclavos fugitivos a pasar hacia Canadá. Donó mucho de lo que recibió por sus conferencias para ayudar a los esclavos fugitivos.

Para la elección de 1861, Douglass hizo campaña por Abraham Lincoln. Lincoln fue elegido y ese mismo año comenzó la Guerra Civil. Douglass ayudó a reclutar a soldados negros para que lucharan por el Norte. Se sintió muy orgulloso cuando su hijo Lewis se hizo soldado. En uno de

sus discursos más importantes durante la guerra, Douglass declaró: "No estamos peleando por el pasado ya muerto, sino por el presente que vivimos y el glorioso futuro". Douglass ayudó a Lincoln con su reeleccion en 1864 y sufrió profundamente cuando asesinaron al presidente en 1865.

El derecho a votar

En 1870, la Decimoquinta Enmienda a la Constitución fue aprobada, la cual le daba el derecho al voto al hombre negro. Douglass peleó duro por esto y continuó peleando por el derecho al voto para la mujer, pues pensaba que estaba **atrasado** hacía tiempo.

Frederick se volvió a casar después de la muerte de Anna en 1882. Su segunda esposa se llamaba Helen Pitts. Muchas personas se escandalizaban porque ella era blanca, pero Frederick contestaba a las críticas diciendo que el color no importaba cuando dos personas se amaban.

Frederick Douglass ejerció varias posiciones importantes en el gobierno al final de su carrera. Douglass se convirtió en el primer embajador afroamericano en otro país cuando el presidente Benjamín Harrison lo nombró para Haití en 1889.

El 20 de Febrero de 1893 lo pasó en un mitin sobre derechos de la mujer. Esa noche murió de un infarto en su hogar. Murió en paz.

Douglass entendió el poder de las palabras. Hoy, sus palabras inspiran a otros que luchan por la libertad y justicia para todos.

Analizar el sujeto

- Frederick Douglass comprendió el poder de las palabras, supo que las palabras podían cambiar vidas. ¿Puedes identificar dos ejemplos en los que Douglass usó las palabras para marcar la diferencia?

- ¿Cuáles fueron algunos logros de Douglass?

- ¿Qué retos enfrentó Douglass?

Comprensión: Sacar conclusiones

- Algunos amos trataban mejor a sus esclavos que otros. ¿Cómo lo sabes?

- Muchas personas se preocupaban por Frederick Douglass. ¿Cómo lo sabes?

- ¿Qué piensas sobre los sentimientos de Frederick Douglass hacia los demás?

Recursos del escritor: Final contundente

Lee el último párrafo de la biografía.

- ¿El final te motivó a saber más sobre Frederick Douglass o sobre la historia de la igualdad de los derechos? ¿Por qué?

- ¿Al final deseas saber más? ¿Por qué y sobre qué?

Enfoque en las palabras:
Lenguaje descriptivo: Adjetivos

Un adjetivo es una palabra que describe a un nombre o a un pronombre. Algunos adjetivos describen un aspecto del tiempo. Haz una tabla como la de abajo. Identifica el nombre o pronombre que cada adjetivo describe y luego define el adjetivo.

Página	Adjetivo	Sustantivo o pronombre descrito	Definición del adjetivo
9	puntual		
10	eterno		
12	tardío		
15	atrasado		

Estos grabados en madera de Douglass, resistiendo una turba en 1843 durante un mitin anti esclavitud en Indiana, están en su autobiografía.

Sojourner Truth:

De esclava a leyenda

Pum! El martillo cayó. Isabella, de nueve años, está parada en la tarima de subastas, aterrorizada y temblando por lo delgado de su vestido. La acaban de vender a John Nealy por cien dólares, junto a un rebaño de ovejas. Ella siempre temió este día en que dejaría a su madre y a su hermano para siempre.

Isabella, o Bell como le decían, nació esclava alrededor del año 1797. Fue la menor de diez u once hermanos. Escuchó a sus desconsolados padres contar cómo les habían quitado a sus hijos. Algunas veces contaban momentos felices, pero la mayoría de las historias eran tristes, como cuando les habían quitado a sus hermanos de los brazos. Bell escuchaba el llanto **callado** de sus hermanos en sus pesadillas.

Ahora era el turno de Bell.

Bell nació en una granja en el estado de Nueva York, a noventa millas al norte de la ciudad de Nueva York. No fue hasta la década de

Los hijos de los esclavos solían ser vendidos a otros amos en las subastas de esclavos.

1830 que se abolió la esclavitud en los estados del Norte. La esclavitud continuó en el Sur hasta el final de la Guerra Civil.

Vendida varias veces

Mientras viajaba con John Nealy hacia su casa en el Norte, Sojourner comprendió que no entendía las palabras que hablaba su nuevo amo. John Nealy y su esposa hablaban inglés y Bell hablaba solo holandés. El amo de los padres de Bell había llegado a Nueva York desde Holanda.

La autora da detalles de la terrible vida que llevó Bell después de ser vendida a su nuevo amo.

Los Nealy eran crueles con Bell. La azotaban cuando no entendía sus órdenes. Le daban escasa ropa y ella sufría mucho en el duro invierno del Norte. Sobre todo, Bell estaba muy sola. La mayoría de los amos de esclavos del Norte tenían uno o dos esclavos. Los esclavos del Sur usualmente vivían en grupos numerosos en las grandes plantaciones.

esclavos en una típica plantación del Sur, trabajando en el campo

Los del Norte, en contraste, tenían escasas oportunidades para hacer conexiones entre ellos. Los padres de Bell no vivían lejos pero la veían rara vez.

Sus miserables circunstancias mejoraron al año porque Nealy la vendió a una familia que poseía una posada. Bell trabajó duro, haciendo mil cosas diferentes en medio de una clientela áspera y **ruidosa**. Allí no se quedó mucho. En 1810, cuando tenía alrededor de trece años, la familia vendió a Bell a otro amo. Con su nuevo amo, John Dumont, se quedó dieciséis años.

Los esclavos del Norte trabajaron en el campo y en casas como esta en la ciudad de Nueva York.

Su lucha por la libertad

Bell creció hasta alcanzar casi seis pies de altura. Para la época esto era muy alto para un hombre y una altura extraordinaria para una mujer. Era fuerte y trabajadora, y también hablaba inglés fluido, pero siempre con su acento holandés. Hablaba en voz baja, **suave** y agradable. Su rostro era expresivo.

El lector conoce sobre la vida adulta de Bell a través de las descripciones de la autora.

Mientras vivía con los Dumont, Bell se casó con otro esclavo llamado Thomas. Tuvieron cinco hijos. Se cree que uno de sus hijos murió cuando era niño y los otros tres fueron vendidos por sus amos cuando aún eran muy pequeños.

La autora incluye hechos históricos que serán importantes en la vida de Bell.

En 1817, se aprobó una nueva ley en el estado de Nueva York que cambió la vida de Bell. Esta ley decretó que los esclavos nacidos antes de 1799 serían liberados el 4 de Julio 1827. Los nacidos después de 1799, como Bell y sus hijos, serían sirvientes hasta alcanzar la edad adulta.

John Dumont prometió darle la libertad a Bell antes de lo requerido por ley. Pero rompió su promesa y Bell tomó una decisión.

La autora da información sobre el carácter de Bell: Decidida a ser libre, huyó de sus amos.

En cuanto pudo, recogió a su bebé Sofía y se fue corriendo de la granja de los Dumont, dejando a su esposo a cargo de Pedro, su hijo mayor. Era el año 1826.

Bell caminó hasta la casa de una familia cuáquera que vivía cerca. El nombre de la familia era Van Wagenen. Les pidió ayuda. Los Van Wagenen eran abolicionistas, ellos creían que la esclavitud debía ser abolida. La recogieron y le pagaron veinte dólares a John Dumont por Bell y cinco dólares por la bebé Sofía. Bell y su bebé eran libres por fin.

Centro cuáquero de reuniones. La mayoría de ellos eran abolicionistas.

La lucha por su hijo

Bell vivió por un año con los Van Wagenen. En 1827 recibió noticias alarmantes: Los Dumont habían vendido a Pedro, su hijo de cinco años, a un amo de esclavos de Alabama. Bell sabía que era contra la ley de Nueva York venderle esclavos a alguien en el Sur. Pero también sabía que tenía muy poco poder para recuperar a su hijo. No sabía leer ni escribir. No tenía dinero para pagar a un abogado. Pero tenía valor y mucha fuerza interior.

Bell pidió ayuda a los abolicionistas. Ellos fueron a recuperar a Pedro. Después de muchos meses de pelea, Bell ganó el caso. Le devolvieron a su hijito. Nunca se había visto que una mujer negra demandara a un blanco. Pero ese hombre subestimó la fuerza y determinación de Bell.

Inspirada por Dios

Bell se mudó con Sofía y Pedro a la ciudad de Nueva York. Trabajó en casas de ricos y se unió a la iglesia.

Bell siempre había creído en Dios, pero los esclavos no podían asistir a la misma iglesia de los blancos. Ahora, en su iglesia, sentía que pertenecía a algo.

Los miembros de su nueva iglesia se levantaban para orar y cantar. Bell lo hizo también. Su fé en Dios se hizo más fuerte.

La autora da detalles sobre las influencias en la vida del sujeto. La iglesia y la fé eran importantes en la vida de Bell.

Bell se hizo predicadora. Comenzó a hablar a la gente en las reuniones religiosas. También cantaba. Era una oradora electrizante. Muchos asistían a escuchar sus poderosos discursos sobre Dios.

Bell vivió cerca de diez años en la ciudad de Nueva York. A los cuarenta y seis años decidió hacer un gran cambió en su vida. Se cambió el nombre a Sojourner Truth. Un "sojourner" es alguien que viaja de un lugar a otro. Y en cuanto a su apellido dijo: "Truth (la verdad) es poderosa y prevalece".

Viajar era lo que Sojourner hacía. Durante un año viajó por Nueva York, Connecticut y Massachusetts, predicando sobre Dios e inspirando a las multitudes.

> **La autora describe una decisión importante de Bell y cita su definición de la palabra *truth* (verdad).**

Comienza su nueva vida

Sojourner llegó a Northampton, Massachusetts en el invierno de 1843, para quedarse poco tiempo. ¡Pero se quedó trece años!

Se unió a una comunidad llamada la Asociación de Northampton. Muchos de sus miembros eran abolicionistas y muchos peleaban por los derechos de la mujer.

Mientras Sojourner vivía allí conoció a Frederick Douglass. También conoció a otro famoso abolicionista llamado William Lloyd Garrison.

En 1850, como no sabía leer ni escribir, Sojourner le dictó su historia de esclava a su

Una estatua en honor a Sojourner Truth actualmente en Northampton, Massachusetts.

amiga Olive Gilbert. Se publicó ese mismo año. Sin embargo, Olive añadió libremente su interpretación de la vida de Sojourner. Esto confunde los hechos verdaderos.

Las librerías tuvieron miedo de vender sus libros por las tensiones raciales. Sojourner metió sus libros en su maleta y salió a venderlos por su cuenta. Sojourner recibió una suma modesta por vender la historia de su vida.

Sojourner continuó como predicadora y comenzó a hablar sobre abolicionismo también. A veces, cuando se levantaba a hablar, la interrumpían, pero ella tenía la habilidad de cambiar el abucheo **ensordecedor** de la gente por silencios totales y abrumadores. A veces cantaba y la gente sonreía. Sojourner se hizo famosa. Comenzó a hablar de la igualdad de derechos para hombres y mujeres.

La autora usa el adjetivo descriptivo *ensordecedor* para indicarle al lector cómo se sentía la gente sobre el tema de la esclavitud. Para muchos estaba bien tener esclavos.

Sojourner dio su discurso más famoso en 1851, en la convención de derechos de la mujer en Ohio. "¡Mírenme! ¡Miren mi brazo!" dijo. "He arado, he plantado y he cosechado en graneros, ningún hombre me superaba y ¿no soy una mujer, acaso?"

Su discurso fue reescrito por una mujer llamada Frances Gage y fue publicado demasiados años después como para saber las palabras exactas de Truth. Pero todos acordaban que era una gran oradora.

abolicionista William Lloyd Garrison

La lucha por los oprimidos

En 1857, Sojourner se mudó a Míchigan con algunos de sus hijos mayores (ella y su esposo se habían separado). Para entonces tenía cerca de sesenta años. La Guerra Civil comenzó en 1861. Sojourner animó a los hombres negros a alistarse en el ejército de la Unión. Viajó a Washington, D.C. para ayudar a las familias negras que habían escapado de la esclavitud. Muchas de esas familias habían pasado toda su vida como esclavas y no sabían cómo encontrar trabajo y organizar sus casas. Sojourner, con sus discursos, los ayudó a mejorar sus vidas.

La autora da detalles para ilustrar cómo Sojourner Truth se involucró para ayudar a su gente, por lo cual merece una biografía.

Conocer al presidente Lincoln fue uno de los sucesos más importantes en la vida de Sojourner.

En octubre de 1864, Sojourner vivió uno de los eventos más emocionantes de su vida: Conoció al presidente de los Estados Unidos ¡Abraham Lincoln! Ella fue una partidaria importante de Lincoln en su esfuerzo por acabar definitivamente con la esclavitud, y deseaba ofrecerle su estímulo por las dificultades que estaba enfrentando en la guerra.

El presidente fue asesinado seis meses más tarde, el 14 de abril de 1865.

Sojourner continuó hablando y viajando por todo el país aún cuando la esclavitud fue abolida en 1865 y cuando la guerra ya había terminado. Ella luchó por el derecho al voto no solo para el hombre negro sino también para las mujeres.

Los lectores aprenden más sobre el carácter de Sojourner Truth: Una vez abolida la esclavitud, ella dedicó sus energías y oratoria a otras causas.

En 1870, en parte por los discursos de Sojourner Truth, la Decimoquinta Enmienda a la Constitución fue aprobada. Allí se le dio el derecho a voto al hombre negro (las mujeres lo obtuvieron en 1920).

Sojourner murió en su casa en 1883. Ella demostró el poder de las palabras. Aunque nació esclava, Sojourner Truth murió como leyenda. Luego de su muerte, Frederick Douglass dijo: "Venerable por su edad, distinguida por su conocimiento de la naturaleza humana… devota al bienestar de su raza, ha sido durante los últimos catorce años objeto de admiración y respeto para reformadores sociales de todas partes".

La autora finaliza la biografía de Sojourner con una vigorosa nota al usar las palabras de Frederick Douglass, otro esclavo libre, quien describe su contribución a la sociedad.

Analizar el sujeto

- Sojourner Truth era persistente, nunca se daba por vencida. Identifica dos ejemplos de su persistencia.

- ¿Cuáles fueron algunos de sus mayores logros?

- ¿Cuál fue una de las mayores influencias en la vida de Sojourner?

Comprensión: Sacar conclusiones

- Sojourner Truth era muy talentosa. ¿Puedes explicarlo?

- ¿Cuál es tu conclusión sobre los archivos de la época?

- ¿Cuáles crees que eran los sentimientos de Truth hacia los demás?

Tema

Un tema es la idea principal de un libro, o de qué trata el libro. Los temas usualmente están implícitos. Le toca al lector conectar las ideas presentes en el libro para generar una gran idea central. Existen muchos temas literarios: la lucha del hombre con la naturaleza y la importancia de la familia, la amistad, el amor, la responsabilidad y la superación de la adversidad. ¿Cuál es el tema de esta biografía? ¿Con qué evidencias presentes en la biografía apoyas tus respuestas?

Recursos del escritor: Final contundente

Observa el último párrafo de la biografía.

- ¿El final te provoca más interés por conocer la vida de Sojourner Truth o por la lucha por la libertad? ¿Por qué?

- ¿Terminaste pensando en el poder de las palabras? ¿Esto te inspira para utilizar las palabras de otra manera?

Enfoque en las palabras:
Lenguaje descriptivo: Adjetivos

Un adjetivo es una palabra que describe un sustantivo o un pronombre. Algunos adjetivos describen sonidos o ruidos y ayudan al lector a comprender algo sobre la persona o la gente que hace esos sonidos. Haz una tabla como la de abajo. Identifica el sustantivo que describe cada adjetivo y luego define el adjetivo.

Página	Adjetivo	Sustantivo o pronombre descrito	Definición del adjetivo
19	callado		
21	ruidoso		
21	suave		
25	ensordecedor		

esclavas lavando la ropa cerca de un río en 1860

¿Cómo escribe un autor una

BIOGRAFÍA?

Vuelve a leer "Sojourner Truth: De esclava a leyenda", y piensa sobre lo que hizo la autora para escribir esta biografía. ¿Cómo describió la vida de Sojourner Truth? ¿Cómo demostró los logros de Sojourner?

Decide escribir sobre alguien

Recuerda: una biografía es el recuento de la vida de alguien. Por tanto, debes investigar sobre su vida y si es posible entrevistarlo. En "Sojourner Truth: De esclava a leyenda", el autor quiere mostrar a los lectores cómo Sojourner Truth usó el poder de las palabras para ayudar a traer grandes cambios.

Decide a quiénes incluirás en la biografía

Otras personas formarán parte importante en la vida de tu sujeto.

Hazte las siguientes preguntas:

- ¿Quién era la familia del sujeto?
- ¿Quiénes eran los amigos y vecinos del sujeto?
- ¿Con quién fue a la escuela y trabajó este sujeto?
- ¿Quién ayudó o hirió a este sujeto?
- ¿A cuáles personas debo incluir?
- ¿Cómo describiré a estas personas?

Persona o Grupo	¿Cómo impactaron a Sojourner Truth?
Padres	le explicaron a la joven Bell que algún día se la llevarían y la venderían como esclava
Familia Van Wagenen	recogieron a Bell y pagaron por ella y su hija Sofía para que fueran libres
Asociación de Northampton	compartieron la visión de Bell sobre la abolición de la esclavitud y la igualdad de derechos para las mujeres

 **3** ## Recuerda sucesos y escenarios

Reúne notas sobre lo que pasó en la vida del sujeto y cuándo pasaron estas cosas. Hazte las siguientes preguntas:

- ¿Dónde sucedió la experiencia del sujeto? ¿Cómo describiré estos lugares?
- ¿Cuáles fueron los sucesos más importantes en su vida?
- ¿Cuáles situaciones o problemas experimentó?
- ¿Cuáles fueron sus logros?
- ¿Cuáles serían las preguntas de los lectores que yo podría responder en mi biografía?

Sujeto	Escenario(s)	Eventos importantes
Sojourner Truth	Estados Unidos: Nueva York; Massachusetts; Míchigan; Ohio; Washington, D.C.	1. Vendida como esclava a los nueve años a John Nealy
		2. Se casa con otro esclavo, Thomas, y tiene cinco hijos
		3. Por fin queda libre
		4. Se hace predicadora y cambia su nombre a Sojourner Truth
		5. Da su discurso más famoso sobre derechos en la Convención en Ohio
		6. Conoce al presidente Lincoln

Glosario

atrasado   detenido más de lo esperado (página 15)

callado   sonido bajo (página 19)

ensordecedor   extremadamente alto (página 25)

eterno   sin fin, permanente (página 10)

puntual   a tiempo (página 9)

ruidoso   comportamiento bullicioso e indisciplinado (página 21)

suave   blando (página 21)

tardío   retrasado más allá de su momento (página 12)